Hingehört

aus den Memoiren
des pädagogischen Personals

notiert von

Antje Kelle

für Grisco

3

Inhalt: Seite:

ZEUGNIS

Klasse: _____   Schuljahr 19 ___ ___ Halbjal

für _____

FÜHRUNG: ....

BETEILIGUNG AM UNTERRICHT:

HÄUSLICHER FLEISS: ....

ORDNUNG: ....

Versäumte Stunden: _____, davon unentschuldigt _____ Stunden.   Verspätet: _____ mal.

LEISTUNGEN: Prädikate: sehr gut (1), gut (2), befriedigend (3), ausreichend (4), mangelhaft (5), ungenügend (6).

1. Religionslehre: ....

2. Deutsch: ....

3. Geschichte: ....

4. Erdkunde: ....

5. Gemeinschaftskd. Geschichte mit Sozialkunde: _____
Erdkunde: .....
Philosophie: ...

6. Lateinisch: ....

7. Griechisch: ....

8. Englisch: ....

9. Französisch: ....

10. Mathematik: ....

11. Physik: ....

12. Chemie: ....

13. Biologie: ....

14. Musik: ....

15. Kunst: ....

16. Leibesübungen: ..

17. Handschrift: ....

Äußere Form der schriftl. Arbeiten

Wahlpflichtfach: Naturwissenschaften Physik: ....
Chemie: ....
Biologie: ....

Schlicht und treffsicher

Ein Herbstgedicht wird besprochen. Wir überlegen, mit welchen sprachlichen Mitteln in diesem Text die besondere Stimmung erzeugt wird. Als jemand fragt, was denn mit dem Wort Herbststimmung gemeint sei, meint Gerd: „Das ist das Aroma des Herbstes." (Kl. 5)

Wir sprechen über die Genesis, und Anna meint: „Abraham baut Gott einen Altar als Dankeschön." (Kl. 11)

Bei jeder Klausur lautet immer eine Aufgabe: „Kreative Pause".
Als ich gerade die Aufgabenzettel für die Philosophieklausur austeile, meint Kim: „Ich glaube, ich beginne heute mit der kreativen Pause." (Kl. 11)

Die originelle Problemlösung

Zur Frage, welche Rolle das Denken für den Menschen spielt, schreibt Thorsten: „Könnte der Mensch nicht denken, dann könnte er auch keine Philo-Arbeit schreiben." (Kl. 13)

Wir beschäftigen uns mit den Evangelien, und ich frage, warum es wohl nicht möglich ist, dass ich – ihre Religionslehrerin – ein weiteres Evangelium verfasse und es als 5. Evangelium in das neue Testament einfüge. Es entsteht eine lange Denkpause, bis Ulrich meint: „Ihnen fehlt das ‚Sankt' vor Ihrem Namen." (Kl. 11)

Und bei Hans-Christian ist zu lesen: „Viele würden die Pharma-Industrie am liebsten stilllegen, weil deren Umweltverschmutzung solche Kopfschmerzen bereitet, dass sie gleich eine Aspirin nehmen." (Kl. 11)

Unser Philosophie-Thema heißt: ZEIT.
Am Ende der Stunde gebe ich Hausaufgaben auf.
Darauf Jacek verschmitzt: „Dazu habe ich keine ZEIT." (Kl. 11)

Erklärungsbedarf

Eine Deutsch-Klausur über Kippharts *In der Sache J. R. Oppenheimer* soll mit einer Gliederung der Hauptgedanken beginnen. Klaus schreibt: „Der Gesichtspunkt mit der Nummer 1 ist der wichtigste. Je größer dann die Nummer wird, desto kleiner die Wichtigkeit. Ich fange also mit dem Punkt 5 an, um mir das Wichtigste für das Finale aufzuheben." (Kl. 12)

In einer Erörterung über verschiedene Typen deutscher Gymnasien schreibt Ronald: „Obwohl ich hier jetzt schon mehr als 2 Stunden sitze und mir Argumente einfallen lasse, die für und gegen neue und alte Sprachen sprechen, muss ich zugeben, dass ich mich leider nicht für eins von beiden entscheiden kann." (Kl. 11)

Als Hausaufgabe wird die Berichtigung eines Diktats aufgegeben. Da meldet sich Jan: „Ich werde heute Nachmittag keine Schularbeiten machen können: Von 3 bis 5 habe ich Hockey, von 5 bis 7 muss ich zum Töpfern; da habe ich leider keine Zeit für die Berichtigung." (Kl. 5)

Ehrlich und nichts weiter

Eine Deutsch-Klausur ist angesagt. Ich kündige der Klasse an, dass ich nur ein einziges Thema zu einer bestimmten Lektüre geben würde. Bei Wolf lese ich später in der Klausur: „Es tut mir leid; aber da ich das Buch nicht gelesen habe, da ich davon überzeugt war, Sie würden nur bluffen und doch noch ein anderes Thema bieten, habe ich leider verloren." (Kl. 12)

Hannes und ich gehen zufällig nach der Stunde gemeinsam aus der Klasse. So ganz nebenbei meint er: „Schade, dass Sie vorhin nicht alle Hausaufgaben einzeln überprüft haben. Ich habe sie nämlich heute vollständig gemacht." (Kl. 11)

Florian beschwert sich, dass er nicht immer drankomme, wenn er sich meldet. Ich erkläre ihm, dass er nicht immer drankommen könne. Einige Tage später meldet er sich stürmisch und kommt dran und schweigt. Ich frage ihn: "Warum meldest du dich denn, wenn du keine Antwort weißt?" Er: „Ich dachte, ich käme wieder nicht dran." (Kl. 5)

Marktwirtschaft im Klassenzimmer

Die Zeugnisnoten werden besprochen. Gregor soll in Deutsch eine 3 bekommen. Er findet seine Note zwar gerecht, fragt aber nach kurzem Zögern: „Kann es vielleicht eine 3+ werden? Dann bekomme ich nämlich mehr Taschengeld." (Kl. 6)

Helmut hat mit seiner Mutter um 2 Mark gewettet, dass er im Diktat eine 5 haben werde. Er bekommt aber eine 4. Er bittet wortreich darum, eine 5 zu bekommen, und meint: „Wir können uns die 2 Mark auch teilen." (Kl. 5)

Ich frage nach der Stunde, wer Tafeldienst habe. Sandra kommt nach vorn und meint: „Ich putze sie freiwillig, wenn Sie mir in der Zeit erklären, was das Wort ,adäquat' bedeutet, das Sie vorhin benutzt haben." (Kl. 12)

Gerade noch erlaubt

An der Tafel steht in Großbuchstaben das Wort *Kommunikation*. Ich sehe, dass einige es falsch abgeschrieben haben, und fordere die Klasse zu mehr Sorgfalt auf. Darauf meint Rudi: „Was heißt hier Sorgfalt? SIE müssen eben deutlicher schreiben." (Kl. 6)

Während einer Philosophie-Klausur wickelt Bernhard leise sein letztes Bonbon aus. Ich schaue interessiert zu. Darauf Bernhard: „Schauen Sie nicht so gierig; ich hab' doch nur noch eins." (Kl. 11)

Die Realität zählt

Wir sprechen über moralische Normen; hierzu Olaf:
„Wahrscheinlich haben die Kannibalen auch sittliche
Werte; mit unseren würden sie jedoch verhungern."
(Kl. 11)

Es geht um die heutige Bedeutung der Bibel.
Farnas meint: „Würde die Bibel nicht mehr Akzep-
tanz finden, wenn man ihr einen neuen Umschlag
geben würde und ‚Lebenshandbuch' darauf schrei-
ben würde?" (Kl. 11)

Die praktische Perspektive

Es geht um das Gottesbild der Schöpfungsge-
schichte. Hierzu schreibt Marcel: „Gott wird als gütig
beschrieben, da er die Menschen bei sich wohnen
lässt (Paradies) und ihnen keine Kosten auferlegt."
(Kl. 11)

Thema der Religions-Klausur sind die Gebetsvor-
schriften im Islam. Dazu Kisraw: „Bevor man an-
fängt zu beten, muss man rein sein (sich waschen).
Dies ist eigentlich gut für den Menschen. Er ist den
ganzen Tag lang sauber." (Kl. 12)

Eine Welt zum Anfassen

Vera erläutert Gehlens Unterscheidung zwischen Mensch und Tier: „Die Hände und das Gehirn sind spezielle Organe des Menschen. Man kann mit ihnen mehr machen als die Tiere mit ihren Pfoten. Ein Tier könnte damit niemals Kartoffeln schälen." (Kl. 11)

In einer Beschreibung über die Zubereitung eines Mittagessens ist bei Holger in einem Aufsatz zu lesen: „Dann schneide ich mit dem Messer ein etwa Tischtennisball-großes Stück Butter aus." (Kl. 6)

In einer Religions-Klausur über das Fasten im Islam steht bei Kemal: „Tagsüber darf man nicht essen, trinken und rauchen. Und Kaugummi ist auch verboten." (Kl. 11)

In den Alltag geholt

Das Menschenbild der Genesis soll untersucht werden. Steffi schreibt: „Die Menschen werden auch als neidisch dargestellt (Kapitel 21, 9-11). Sarah will nicht zusehen, wie zufrieden Hagars Sohn herumtollt." (Kl. 11)

Die Religionsklausur verlangt eine Auseinandersetzung mit der Bergpredigt. Barbara schreibt: „Die Menschen wissen, dass sie ohne Gottes Gnade aufgeschmissen sind." (Kl. 12)

Die Religionsklausur forderte, Jesu letzte Worte am Kreuz nach den verschiedenen Evangelien vergleichend zu interpretieren. Bei Nana steht: „Bei Markus wird Jesus als stur dargestellt, da er den Wein mit Myrrhe, den man ihm anbot, nicht nahm." (Kl. 11)

Wir vergleichen die Heiligen Bücher im Christentum und im Islam. Bei Viktoria ist zu lesen: „Im Christentum hat Jesus die Worte (Gottes) verkündet, und sie wurden später in der Bibel festgehalten. Die Muslime haben das Wort Gottes gleich in Buchform rausgebracht." (Kl. 13)

Bei Souha ist in einer Religions-Klausur zu lesen: „Der Mensch sündigt heute so oft, dass Gott bestimmt überfordert ist. (Kl. 11)

Man muss ja schließlich nicht alles wissen

Wir diskutieren über die Frage, ob man Himmelfahrt als gesetzlichen Feiertag abschaffen sollte, da er inzwischen allzu weltlich genutzt wird. Einige aus der Klasse verlagern das Gespräch auf die theologische Frage, ob der biblische Text wörtlich oder symbolisch zu verstehen sei. Unwillig ruft Thomas dazwischen: „Ist doch egal, wie er hochgekommen ist!" (Kl. 7)

Kurz vor Pfingsten fragt einer: „Was bedeutet eigentlich Pfingsten?". Niemand weiß es. Ich wundere mich: „Sie wissen also gar nicht, warum Sie am Montag frei haben?" Sebastian: „Wieso, man fragt doch auch nicht, warum Sommerferien sind." (Kl. 13)

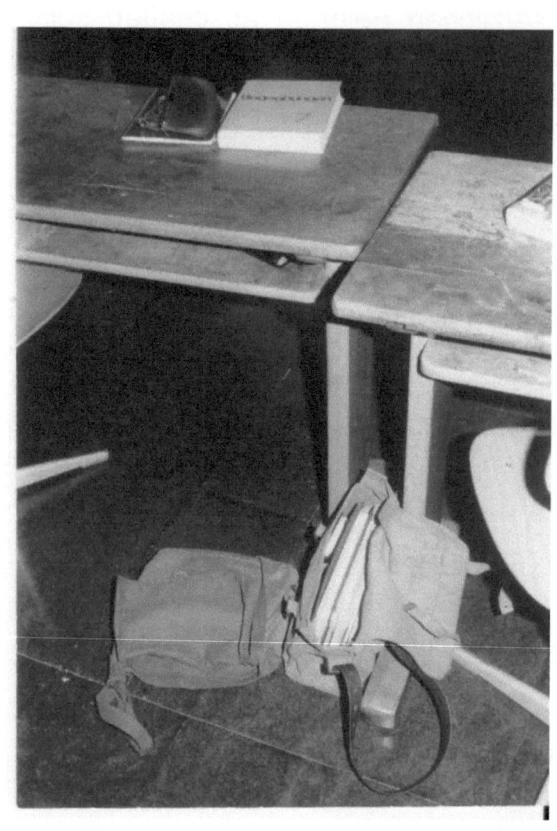

Mitten im Leben

Wir lesen die Geschichte von den Weisen aus dem Morgenland. Beim Stichwort „Myrrhe" ruft Carlos: „Die ist auch in der Zahnpasta!" Die Schüler überlegen gemeinsam, wie denn die Zahnpasta heißt. Als einem endlich *„Dentagard"* einfällt, kann der Unterricht fortgesetzt werden. (Kl. 6)

In Karstens Arbeit über die Menschenrechte ist zu lesen: „Ich möchte gern etwas zu Artikel 27/1 schreiben: In diesem Artikel wird ja bestimmt, dass jeder Mensch das Recht hat, am kulturellen Leben der Gemeinschaft frei teilzunehmen, sich der Künste zu erfreuen und am wissenschaftlichen Fortschritt und dessen Wohltaten teilzunehmen.
Nun frage ich mich aber: Wenn dieses so ist, warum muss ich dann für Theater, Kino usw. etwas bezahlen? Natürlich, die Theater, Kinos usw. müssen ja auch leben; aber ich finde, die Karten sollten dann billiger sein, damit sich jeder auch etwas leisten kann. Denn die Preise sind manchmal so hoch, dass man, wenn man schon an den Preis denkt, keine Lust hat hinzugehen." (Kl. 10)

Moderne Zeiten

Wir nehmen die Siegfried-Sage durch und überlegen, in welchem Dienstverhältnis Hagen und Dankwart zu König Gunther stehen: Da meint Christian: „Sie sind seine Angestellten." (Kl. 5)

Wir sprechen über Pilatus und seine Probleme beim Prozess Jesu. Franziska soll sein Zögern erläutern: „Er will Jesus freilassen; aber er wagt nicht, sich gegen das Volk aufzulehnen, weil er Angst um seinen Arbeitsplatz hat." (Kl. 5)

In einer Religionsklausur ist bei Sonja zu lesen: „Dies ereignet sich, nachdem Moses und Aaron eine Zeitlang für Gott ‚gearbeitet' haben." (Kl. 13)

Trang weiß über das Christentum: „Der Anführer des Christentums ist Jesus von Nazareth." (Kl. 11)

In einer Religions-Klausur über Abraham schreibt Burim: „Die Juden verehren Abraham, weil er der erste Einwohner Israels war." (Kl. 11)

Das versteht man wenigstens

Zum *Prolog im Himmel* in Goethes *Faust* steht bei Lutz: „Die Erzengel steigen da auch nicht durch."(Kl. 13)

Es geht um Jesu Gefangennahme, und Björn meint: „Petrus reißt jemandem ein Ohr ab, und Jesus batscht es wieder an." (Kl. 5)

Thema ist Pilatus. Christina: „Pilatus wirft Jesus noch schwere Sachen vor; aber Jesus hat einfach nicht geantwortet. Da war Pilatus sauer." (Kl. 5)

Es geht um die Opferung Isaaks. Hierzu ist bei Bartosch zu lesen: „Gott befahl Abraham, seinen Sohn zu opfern, um zu sehen, wie doll Abraham seinen Gott liebt." (Kl. 11)

Wir vergleichen die Opferszene Abraham – Isaak in der Bibel und im Koran miteinander. Dieter beginnt: „In beiden Büchern soll Abraham seinen Sohn für Gott opfern, wird aber zurückgepfiffen, als er mit der Opferung beginnen will." (Kl. 11)

Die neue Sachlichkeit

Und Oliver schreibt: „Niemand weiß, ob er aufgrund seiner Anstrengungen eines Tages zum Himmel zugelassen wird." (Kl. 12)

Wir besprechen die Verkündigungsszene, und Susanna erläutert: „Auf Marias Zweifel, weil sie Jungfrau war, sagt der Engel, dass der heilige Geist durch die Kraft Gottes alles erledigen wird." (Kl. 11)

Die Weihnachtsgeschichte wird besprochen. Behnam sagt: „Schon vor Jesu Geburt wussten viele Leute über ihn Bescheid, da sie durch Engel benachrichtigt worden waren, z. B. die Hirten und die Weisen." (Kl. 11)

Beim Thema Islam meint Malgorzata: „Die Rituale spielen im Islam eine große Rolle. Sie sind eine Vorbereitung für das Treffen mit Gott." (Kl. 12)

Logik für Fortgeschrittene

Rolf und Detlev haben offensichtlich gemogelt. Ich frage: „Habt ihr gemogelt?". Darauf Detlev: „Ja – aber wenn Sie das merken, dann geht das ja gar nicht mehr." (Kl. 5)

Rainer und Bernd streiten und schlagen sich. Ich weise sie zurecht: „Hier nicht – und auf dem Schulhof auch nicht." Darauf Rainer: „Aber außerhalb der Schule sitzt Bernd immer auf dem Fahrrad." (Kl. 5)

André fasst die Ereignisse beim Abendmahl zusammen: „Jesus gibt jedem Jünger Rotwein und sagt, es sei sein Blut." (Kl. 5)

Wir denken über Gott nach. Da meldet sich Rüdiger zu Wort: „Wieso soll es eigentlich Gott geben? An die grünen Marsmännchen glauben wir doch auch nicht." (Kl. 6)

Wir sprechen über das Eherecht im Islam; hierzu meint Angela: „Wenn Gott gewollt hätte, dass jeder Mann vier Frauen haben dürfte, dann hätte er von Adam vier Rippen nehmen müssen." (Kl. 12)

In Ehsans Philosophie-Klausur ist zu lesen: „In Coreths Text über die Willensfreiheit habe ich keine glaubwürdige Begründung zu seiner Theorie gefunden, obwohl der Text so lang ist. (Kl. 11)

Der überzeugende Vergleich

Es geht um die Tatsache, dass der Dekalog dem Volk Israel auf Tafeln gegeben wurde. Hierzu schreibt Lisa: „Ich denke, dass man das mit Liebesbriefen vergleichen könnte. Immer wenn man (zumindest ich) an der Liebe des anderen zweifeln, holt man alte Liebesbriefe raus und liest sie. Dann sieht man alles schwarz auf weiß und fühlt sich gleich besser." (Kl. 13)

Zur selben Frage schreibt Annekatrin: „Ich denke, dass eine schriftliche Fixierung der Moralvorschriften die Folge hat, dass sie nicht mehr verfälscht werden können wie etwa bei der mündlichen Überlieferung (siehe ‚stille Post')." (Kl. 13)

Keine Zeit für Floskeln

Ich bekomme von Helen eine Entschuldigung, die
so beginnt: „Liebe Frau Kelle! (Diese Anrede gefällt
mir besser als ‚sehr geehrte ...')" (Kl. 12)

Birthe hat geschwänzt und entschuldigt sich in ei-
nem langen Brief dafür. Zum Schluss schreibt sie:
„Ich habe leider keinen akzeptablen Grund dafür
und kann nur hoffen, dass sie meine Entschuldi-
gung auch ohne einen solchen annehmen.
Mit freundlichen und zerknirschten Grüßen: Birthe"

Unmissverständlich klar

In seiner Reflexion über die biblische Schöpfungs-
geschichte schreibt Ralph: „Hätte der Mensch sofort
auf ‚seine' Welt aufgepasst, wäre es nie so weit wie
heute gekommen. Handlungsfreiheit, wie Gott sie
den Menschen gab, heißt doch auch, auf die Welt
zu achten. Vielleicht hätte Gott sich etwas klarer
ausdrücken sollen!!?" (Kl. 11)

In einer Klausur über den Islam ist bei Irene zu le-
sen: „Ich bin froh, dass ich nicht als Moslem gebo-
ren worden bin. Denn wenn ich überlege, dass ich
jeden Tag ungefähr eine ganze Stunde damit ver-
bringen müsste, zu Gott zu beten, wird mir ganz
flau." (Kl. 13)

Unkomplizierte Kommunikation

In einer Philosophie-Klausur soll zu jeder Aufgabe notiert werden, wie lange man dazu gebraucht hat. Bei Nils steht: „Ewig." (Kl. 12)

Aida kommt während einer Philosophie-Klausur zum Pult und lässt sich ein Fremdwort erklären. Im Fortgehen ergänzt sie: „Und dann soll ich Sie auch noch von meinem Nachbarn fragen, wie *Fairness* geschrieben wird." (Kl. 12)

Der normale Unterricht wird durch eine Projektwoche unterbrochen. Ich lasse durchblicken, dass ich diesmal wenig motiviert bin. Es wird dann aber doch ganz schön.
Zum Abschluss bekomme ich einen Blumenstrauß mit dem Kommentar:
„Dafür dass Sie keine Lust hatten, war es eine tolle Woche!" (Kl. 12)

Am letzten Tag vor den Herbstferien wird eine Deutschklausur geschrieben. Die Schüler sollen – wie immer – alles, was sie sagen, aus dem Text belegen.
Arjeta kommt nach vorn und meint: „Ich finde eine Textstelle nicht. Kann ich sie nach den Ferien nachreichen?" (Kl. 13)

Erfrischend spontan

Ein Schüler fragt während einer Klausur halblaut nach der Uhrzeit; ich signalisiere ihm mit Zeichensprache: noch 20 Minuten. Daraufhin sagt Till dasselbe laut.
Ich: „ICH reagiere in Zeichensprache und SIE reden."
Till: „Ist viel einfacher."
Ich: „Und viel störender." (Kl. 12)

Klausurthema ist das frühe Christentum. Als der dritte Schüler am Pult nachfragt, was ein Konzil ist, von dem in der Aufgabenstellung gesprochen wird, erkläre ich das Wort und äußere meine Verwunderung darüber, dass dieses Wort unbekannt ist. Um das Ganze locker abzuschließen, sage ich zum Schluss: „So, jetzt habe ich mich genug aufgeregt." Daraufhin bietet mir Kaveh spontan sein Stück Traubenzucker an, das ich vor einer Klausur immer austeile. (Kl. 12)

Wladimir spricht während einer Klausur mit seinem Nachbarn.
Ich ermahne ihn mit dem Hinweis, falls er eine Frage habe, solle er zu mir kommen. Er: „Sie können aber kein Russisch." (Kl. 11)

Voll dabei

In einer Klassenarbeit wird eine Tätigkeitsbeschreibung gefordert: Wie man Mittagessen zubereitet. Mittendrin eilt Nina ratlos ans Pult und fragt: „Können Sie mir sagen, wie viel ein Salatkopf kostet?"

Und als es zum Stundenschluss klingelt, kommt ein Aufschrei von Patrick: „Die Sauce fehlt noch!" (Kl. 6)

Ungewollte Komik

Zu Beginn einer Philosophiestunde meldet sich Bianca: „Können wir nicht einmal etwas Lebensnaheres im Unterricht besprechen?" Ich frage: „An was denkst du denn?" Bianca: „Beispielsweise an die Frage, ob das Weltall unendlich ist." (Kl. 12)

Es wird das Vaterunser besprochen, und Canan stellt fest: „Im Vaterunser bitten die Menschen darum, dass Gott sie von ihren Schulden befreit." (Kl. 10)

In einer Philosophie-Klausur geht es um die Frage: *Geist – Segen oder Fluch für den Menschen?* Katharina schreibt hierzu: „Ich bin fest davon überzeugt, dass der Geist von Gott kommt. Und weil Gott ein guter ‚Mensch' ist, darum muss der Geist auch ‚rein' sein, also gut." (Kl. 11)

Suse erklärt, wie man Fisch säuert: „Ich presse mit einer Apfelsinenpresse eine Zitrone aus." (Kl. 6)

Menschen wie du und ich

Ellen kommt nach der Stunde zum Pult: „Können Sie uns heute einfach einmal ein bisschen weniger aufgeben?" Ich: „Warum denn?" Ellen: „Ich hab' heute Nachmittag so etwas Schönes vor." Ich: „Mal sehen." Ellen: „Sie sind ein Schatz." (Kl. 5)

Magdalena fragt in der Pause, welche Note sie in Deutsch bekommen würde, einen Punkt mehr oder einen Punkt weniger. Ich entscheide mich für die höhere Punktzahl. Sie freut sich sehr und fragt: „Darf ich Sie küssen?" Sie darf nicht. (Kl. 13)

Standortbestimmung

In einer Unterrichtsstunde zum Thema Atheismus erklärt Eike: „Ich bin praktizierender Atheist." (Kl. 12)

In einer Philosophie-Klausur steht bei Heiko: „Analytische Aussagen sind Sätze, in denen der Prädikatbegriff schon im Subjekt enthalten ist, z.B. Alle Schimmel sind weiß. Bei synthetischen Sätzen wird im Prädikat etwas gesagt, was den Subjektbegriff erweitert, z.B. Diese Klausur ist schwer (a posteriori)." (Kl. 13)

Eines Tages erhalte ich von Lisa folgende Entschuldigung:
„Sehr geehrte Frau Kelle,
ich konnte leider aus privaten Gründen (Liebeskummer) gestern (am 22. August) nicht am Unterricht teilnehmen."

Von Mensch zu Mensch

In einer Philosophie-Klausur ist bei Hanno zu lesen: „Meiner Meinung nach ist es nicht verkehrt, was der gute Descartes hier sagt." (Kl. 11)

In einer Interpretation über Rilkes Gedicht *Ich fürchte mich so vor der Menschen Wort* ist bei Edith zu lesen: „Es bleibt mir nur zu sagen, dass Rilkes Gedicht auf Grund seiner Leidenschaft und seiner gleichzeitigen guten Begründungen mir sehr eingeleuchtet und gefallen hat." (Kl. 12)

Kafkas Text *Die kaiserliche Botschaft* ist zu interpretieren. Michael schreibt: „Vielleicht ist es klischeehaft und sogar falsch, auch hier wieder mit Kafkas Vaterkonflikt zu argumentieren; aber es zeigen sich so Möglichkeiten, die mächtige Person zu verstehen. Und das von Kafka, das fände ich schön." (Kl. 10)

Bei Sibel ist in einer Philosophie-Arbeit zu lesen: „Feuerbach nörgelt in seinen Texten an den Menschen herum, weil sie ihre eigenen Fähigkeiten und Eigenschaften nicht erkennen." (Kl. 12)

Der etwas andere Aufsatz

In einer Deutsch-Klausur war ein Dialog zu verfassen, den ein UNESCO-Beauftragter mit dem Anführer eines Eingeborenenstammes führt, der bisher keine Notwendigkeit sah, Lesen und Schreiben zu lernen. Der UNESCO-Beauftragte sollte sich darum bemühen, den Eingeborenen einen Lehrer schicken zu dürfen. David lässt den Anführer schließlich sagen: „Das Thema Regenwaldabholzung wäre wirklich ein Grund, lesen und schreiben zu lernen. Dann könnten wir vielleicht in Briefkontakt mit den öffentlichen Behörden treten. Aber – ich glaube nicht, dass dies realistisch wäre. Wir hatten nämlich vor längerer Zeit schon einmal eine Touristin zu Gast in unserem Stamm; sie hieß Frau Kelle und kam aus Deutschland. Sie erzählte uns viel von den wirtschaftlichen Interessen einiger Unternehmen." (Kl. 12)

Manchmal noch Kind

Am ersten Tag in der neuen Schule sollen die Schüler ihre Namen nennen – so, wie sie gern gerufen werden möchten. Ulfert: „Nennen Sie mich doch einfach Winnetou!" (Kl. 5)

Roland gibt als erster sein Diktat ab und fragt: „Können Sie mir sagen, ob ich alles richtig habe?" Ich: „Das kann ich noch nicht sagen." Er erläutert: „Meine Mami und mein Papi würden sich aber sehr freuen, wenn ich ihnen das heute Mittag erzählen könnte." (Kl. 5)

Dietmar schreibt in seinem Aufsatz: „Nach dem Essen sagte meine Großmutter zu meinem Großvater: „Komm, Rudi, (so heißt er nämlich) lass uns nach Hause fahren." „Ist gut, meine Kleine." (So nannte mein Großvater sie immer, weil er zwei Jahre älter ist als meine Großmutter.") (Kl. 5)

Gesundes Selbstvertrauen

Arne hat die Hausaufgaben nicht gemacht, weil er für einen Schaukasten im Treppenhaus ein Pfefferkuchenhaus gebaut hat: einen griechischen Tempel aus Keks. Ich schaue ihn mir später in der Pause an, als Nora, eine Kursteilnehmerin, vorbeikommt und spitzbübisch meint: „Na – hat sich DAFÜR der Ärger mit der fehlenden Hausaufgabe nicht gelohnt?" (Kl. 13)

Während einer Klausur holt sich Günther noch ein weiteres Blatt. Ich meine zu ihm: „Schreib nicht so viel." Er erwidert: „Ich hab so viel Wissen. Das muss raus. (Kl. 13)

Andreas schreibt in seinem Abituraufsatz: „Es gibt Augenblicke, in denen ich nicht vernünftig, sondern bockig sein will. Das gibt immer ein befreiendes Gefühl."

Widerspruch, der keiner ist

Es geht um die Verantwortung des Wissenschaftlers für sein Tun. Hierzu schreibt Ingwar: „Er kann sehen, welche Folgen sich daraus noch in späterer Zeit ergeben, vielleicht erst, wenn er schon lange tot ist." (Kl. 12)

Anja schreibt über Hesses Buch *Unterm Rad*: „Durch seinen Tod ist Hans irgendwie glücklicher geworden; Scham und Leid sind von ihm genommen. Ich glaube, wenn Hans nach seinem Ertrinken hätte weiterleben können, wäre er ein anderer Mensch geworden. (Kl. 10)

Geradeheraus

In einer Arbeit über Parzival steht bei Axel: „Die Sehnsucht von Parzival war zu doll. Der stille Frieden hat nicht geholfen; er wollte ins Ritterleben." (Kl. 5)

In einer Argumentationsübung zum Thema *Fernsehen* findet sich bei Oliver folgende Passage: „Ich bin also für das Fernsehen, habe aber auch einleuchtende Argumente dagegen. Trotzdem werden wir unseren Fernseher behalten." (Kl. 6)

Und bei Karola ist zu lesen: „Fernsehen ist ungesund, weil meistens schlechte Luft im Raum ist und man Kartoffelchips isst." (Kl. 6)

Bloß nicht so umständlich

In der Klausur sollte die Problematik von Goethes *Faust* in die heutige Zeit übertragen werden. Gamila schreibt: „Bei der Übertragung in die heutige Zeit würde erst einmal die ‚Zueignung' wegfallen. Sie würde niemanden interessieren, da sie nur aufhält und kostbare Zeit in Anspruch nimmt, in der man Besseres erledigen könnte, als zu versuchen, die Motive des Dichters zu erkennen." (Kl. 13)

Unterrichtsthema ist die Mehrdeutigkeit des dichterischen Wortes. Theo meldet sich: „Kann es überhaupt ein guter Dichter sein, wenn er sich nicht eindeutig ausdrückt?" (Kl. 10)

Sadiman soll in einer Philosophie-Klausur erklären, was ‚Erkenntnistheorie' ist: „Die Erkenntnistheorie versucht die Erkenntnis von vorne und hinten in ihren kleinsten Einzelteilen zu erforschen." (Kl. 11)

Helle Köpfe gefragt

Es geht um Siegfried Tarnkappe, und wir lernen, dass sie wahrscheinlich ein Tarnmantel war.
Einer fragt, ob der Mantel selbst denn sichtbar war. Als ein anderer die Frage verneint, ruft Jan-Eric: „Aber – dann findet man ihn ja nie!" (Kl. 5)

Wir beschäftigen uns mit der Sintflut und der Arche Noah. Marie hat da ein Problem: „Und was ist mit den Fischen? Kamen die mit ins Boot?" (Kl. 5)

Lebensnah

Alexander über Frischs *Homo faber*: „Hier zeigt sich, dass Faber schon in jungen Jahren dem Romantisch-Schönen, was eine Heirat (doch) sein sollte, kein Verständnis entgegenbringt und alle Dinge aus der rein praktischen Sicht sieht." (Kl. 10)

In einer Religionsarbeit über die ethischen Pflichten des Menschen steht bei Sohra: „Wenn wir gute Taten machen, bekommen wir bestimmt von Gott eine Belohnung, die man nicht gleich merken kann." (Kl. 11)

In einer Klausur beschäftigt sich Immo mit dem Thema der Herztransplantation und schreibt: „Der Konflikt, dass Gott den Menschen fast schon zu sich gerufen hat und dass die Wissenschaftler ihn da einfach übergehen, spielt eine große Rolle." (Kl. 11)

Und Clark schreibt über eine Stelle im *Faust*: „Über das bloße Sich-gegenseitig-die-Liebe-Eingestehen fällt in dieser Szene zwischen Gretchen und Faust nichts vor." (Kl. 13)

In einer Klausur über die *Räuber* ist bei Eva zu lesen: „Amalia blieb sich treu und gab Franz öfter eine Abreibung." (Kl. 11)

Kein Respekt vor Autoritäten

Es geht um Abraham, und bei Jessica steht: „Gott gibt Abraham den Namen Abram und macht ihn zum Vater vieler Völker. Ein Beweis dafür, dass, wenn Gott merkt, dass einer an ihn glaubt, er ihm dafür dankt." (Kl. 11)

Das Gottesbild in der Genesis war zu erarbeiten. Ina schreibt: „Gott schließt Bündnisse mit denen, die er auserwählt, z. B. mit Noah. In Kapitel 9, 13 erfahren wir, dass er den Regenbogen als Zeichen seiner Treue schenkt. Hier scheint Gott eine Erinnerung an sein Versprechen zu brauchen. Er wird also als etwas vergesslich dargestellt." (Kl. 11)

Und Eva schreibt: „Nach der Schöpfungsgeschichte ist Jahwe allmächtig: Er schuf Himmel und Erde aus dem Nichts. Er ist aber auch menschlich dargestellt, weil er auch müde sein kann; denn es heißt in Kapitel 2,2: ‚... und ruhte am 7. Tag von allen seinen Werken." (Kl. 11)

Aha-Erlebnisse

Die Schüler sollen in einer Klassenarbeit ihren Unterrichtsraum präzise beschreiben. Raimund hört plötzlich auf zu schreiben, denkt nach und kommt ans Pult: „Wie soll ich denn rechts/links beschreiben? Wenn ich mich umdrehe, ist alles ja andersherum." (Kl. 5)

In der Pause fragt mich Thorsten: „Haben Sie wohl eine Plastiktüte für mich?" Ich erwidere: „Da hast du aber Glück; ich habe tatsächlich eine bei mir."
Am nächsten Tag kommt er in der Pause wieder nach vorn: „Ich wollte mich noch einmal für die Tüte bedanken. – Aber wieso haben Sie überhaupt eine bei sich gehabt?" (Kl. 5)

Wir besprechen eine Geschichte aus dem Lesebuch. Peter beantwortet eine Frage zum Text, stutzt plötzlich und meint: „Haben Sie den Text schon gelesen?" (Kl. 5)

Raffinierte Textarbeit

Basis einer Philosophiearbeit ist eine Aussage *Nagels*, nach der man nicht wisse, ob es überhaupt eine Außenwelt gebe, da sie NUR über unsere Sinne zugänglich ist. Hierzu Julia: „Der Text stellt die Frage in den (vielleicht nicht existierenden) Raum, ob unser Bewusstsein, die eigenen Eindrücke, uns nicht betrügen." (Kl. 13)

Zum selben Text schreibt Kathrin: „Es ist ja auch nicht wichtig, ob die Schmerzen, die ich erleide, wirklich existieren oder die Medizin, die mich heilt; Hauptsache ist, dass ich nach Einnahme der Medizin keine Schmerzen mehr empfinde." (Kl. 13)

Ein bisschen frech

Uwe über Sartre: „Bei Sartre ist der Mensch verantwortlich für alles und jedes, nur nicht für die Verantwortung. (Toller Satz übrigens!)" (Kl. 12)

In Roberts Philosophie-Arbeit ist zu lesen: „Demzufolge muss das Axiom falsch (bzw. nicht das einzige) sein und die Theorie verworfen werden. Schade, nicht?" (Kl. 13)

Bei Jörg schließt eine Klausur mit folgenden Worten: „So, eine Zusammenfassung erspare ich mir. Ich will jetzt nach Hause und hoffe, dass auch so klar geworden ist, was ich sagen wollte. Das war's." (Kl. 13)

Noch auf der Suche

Bei Joachim ist zu lesen: „Nach meiner Ansicht ist Pannenbergs Darlegung nicht richtig, sondern – genauer gesagt – falsch.
Denn man kann doch einen Menschen vom Hungertod nicht retten, indem man ihm einredet, Gott sei die Kraft der Hoffnung, also glaube an Gott.
Denn wenn das so wäre, müsste Gott ja dort auch mal helfen, wo das Übel am größten ist (Äthiopien zum Beispiel). Aber weit und breit keine Spur von ihm. Dass trotzdem dort noch Menschen leben, liegt einzig und allein daran, dass andere Menschen versuchen zu helfen." (Kl. 13)

Kezban schreibt zum Thema *Migration*: „Manche Deutsche glauben, dass die Ausländer nicht zurückkehren, weil sie hier 5 Mark mehr verdienen. Ich glaube, kein Mensch würde seine eigene Heimat verlassen, weil er irgendwo anders 5 Mark mehr verdient." (Kl.9)

Da kann man nachdenklich werden

Wir denken über die Fähigkeit des Menschen nach, die Welt zu beherrschen und vernichten zu können. Da meint Dominik: „Der Mensch ist eben ein Eigentor der Natur." (Kl. 11)

Unser Thema ist die Schöpfungsgeschichte und der Sündenfall. Als wir darüber nachdenken, dass der Mensch offensichtlich die Freiheit hat, NEIN sagen zu können, kommt zögernd von Tina: „Ob Gott da nicht einen Fehler gemacht hat?" (Kl. 5)

In einer Philosophie-Klausur schreibt Mark: „Nichts ist für die ganze Menschheit gut, nicht einmal Frieden (Geburtenüberschuss, Platzprobleme, Arbeitslosigkeit, Verdrängung der Natur usw.)" (Kl. 11)

In einer Religions-Klausur geht es um die Frage, ob die Menschen heute immer noch so ähnlich dargestellt werden könnten wie in der Genesis.
Robert schreibt: „Ja, dies hängt womöglich damit zusammen, dass immer weniger Menschen an Gott glauben und seine Gebote befolgen. Somit wäre also vielleicht wieder eine Sintflut fällig ?!" (Kl. 12)

Sensible Interpretation

Die Aufgabe lautete, ein fiktives Gespräch zu schreiben, das Eichendorffs *Taugenichts* mit einem modernen Industriemanager führen könnte. Kerstin lässt ihren Taugenichts sagen: „Kommen Sie mit mir. Ich bringe Ihnen das Geigespielen bei, und wir gehen in ein Land, wo es all so'n komisches Zeug wie Kurseinbußen, Produktionstechniken, Umweltschutz (und –schmutz) und nicht gibt." (Kl. 13)

Natalia schreibt über Kellers Gedicht *Stille der Nacht*: „Wenn man die ersten Zeilen liest (,Willkommen, klare Sommernacht, die auf betauten Fluren liegt') bekommt man das Gefühl, als ob man, wenn man schläft, etwas verpasst." (Kl. 10)

Unterrichtsthema ist der Bethlehemische Kindermord. Verena empört sich über die Hilflosigkeit der Bürger: „Warum haben sie sich das denn gefallen lassen? Gegen einen einzelnen König hätten sie doch einen Aufstand machen können." Ich verweise auf den Machtapparat eines Königs. Dazu Verena: „Wieso? Angehörige des Machtapparats haben doch auch kleine Kinder." Und Henrike versteht sowieso nicht, dass Gott das zulässt." (Kl. 6)

Was einem so in den Sinn kommen kann

In einer Religions-Klausur soll Meister Bertrams Darstellung des 2. Schöpfungstages interpretiert werden, bei der der Maler bereits bei der Erschaffung der Welt Jesus anwesend sein lässt.
Shengchuan schreibt: „Jesu Gesichtsausdruck wirkt traurig, und es scheint so, als ob er nicht gern in die Welt kommen würde. Meister Bertram hat das Verhältnis zwischen Jesus und Gott offensichtlich so interpretiert, dass Jesus kein Messias werden wollte. Gott hat wohl einfach entschieden, dass er dieses Himmelfahrtskommando übernehmen sollte. Das ist das Außergewöhnliche an dieser Darstellung: Gott sollte sich eigentlich um die Menschheit kümmern; aber er wusste selbst, dass diese Aufgabe sehr schwer ist; und deswegen schickt er seinen Sohn." (Kl. 12)

Unsichtbare Gefährdungen

In einer Religions-Klausur geht es um den Wahrheitsgehalt der Bibel. Björn schreibt: „Ich bin mittlerweile so weit, dass ich es nicht mehr für so wichtig halte, ob alle Erzählungen der Bibel der Wahrheit entsprechen, auch wenn einem dadurch schöne Kindheitswahrheiten genommen werden." (Kl. 11)

Zum Thema Atheismus schreibt Emidio: „Ich verstehe, dass es Menschen gibt, die Gott leugnen. Wenn es nicht bald ein Zeichen seiner Existenz gibt, wird es auch bei mir soweit sein." (Kl. 12)

Noch ein Hauch von heiler Welt

Ich bringe der Klasse das Kirchentagslied bei *Fürchte dich nicht*. Bei der Besprechung des Inhalts entrüstet sich Moritz: „Das ist aber ein komisches Lied: Wovor soll ich mich denn fürchten? Und Angst hab ich auch nicht." (Kl. 6)

Es geht um das Thema *Angst*. Clemens schreibt: „Der Text spricht von Angst vor etwas, was der Mensch nicht ändern kann. Entschuldigen Sie bitte, aber ich kann mit dem Text nicht sehr viel anfangen, weil mir Ängste fast nicht bekannt – oder bewusst – sind. Schade. Clemens." (Kl. 10)

Platz für Illusionen

Statt einer Stellungnahme zu einem Text aus Freuds *Das Unbehagen in der Kultur* ist in einer Philosophie-Klausur ein fiktiver Brief an Freud zu schreiben. Bei Ute ist zu lesen: „Ihr Text hat mich zuerst empört und dann sehr nachdenklich gemacht: Ich war empört darüber, dass Sie den Menschen als ‚wilde Bestie' beschreiben und dass Sie damit aggressive Menschen als die eigentlich ‚normalen' hinstellen. Damit behaupten Sie, dass z. B. ein Mörder eigentlich nur nach seiner Natur gehandelt hat. Dies kann und will ich nicht glauben.

– Allerdings hat mich Ihr Text, wie ich schon sagte, auch zum Nachdenken gebracht, und auch während ich Ihnen schreibe, denke ich nach, und das, was ich denke, behagt mir nicht. Denn vielleicht haben Sie doch recht. Beispielsweise reißen Kinder auf brutalste Weise Käfern Beine und Flügel aus, bis ihnen ihre Eltern sagen: Lass das, das ist böse. Und wenn ich darüber nachdenke, was Menschen alles mit Menschen machen, spricht vieles für Ihre Theorie.

Aber einen anderen Menschen zu lieben und Freunde zu haben, ist so ein schönes Gefühl. Und solange ich dieses noch fühle, werden ich Ihnen nicht glauben." (Kl. 13)

Verlorenes Paradies

Danny (aus China) schreibt in einem Erlebnisaufsatz: „Und dann waren wir am Ziel: Die Quelle der Berner Au lag vor uns! Wir tollten herum und kühlten uns unsere von Brennnesseln verbrannten Beine im kalten, klaren Wasser ab. Das, was ich damals empfand, kann man nicht mit Worten beschreiben. Da war etwas vom Stolz eines Entdeckers, etwas von dem Unternehmungsgeist eines Forschers; doch da war auch Trauer. Trauer, dass dieses Abenteuer bald zu Ende gehen würde, Trauer, weil wir die Natur verlassen mussten und wieder in eine Welt voller Häuser und Straßen zurückgehen mussten, und vor allem Trauer, weil vielleicht in ein paar Jahren dies alles weg sein könnte. Dies war ein Traum – eine Kinderwelt. Da draußen war die Erwachsenenwelt.
Die Sonne ging unter, und wir machten uns auf den langen Weg zurück in die Realität."(Kl. 7)

Vertrauen gesucht

Zur Frage, ob man sich einen Hund wünschen solle, schreibt Hartmut: „Einem Tier kann man alle Dinge erzählen, ohne dass die Eltern davon erfahren." (Kl. 9)

Thema einer Religionsarbeit ist das Gebet. Lilija schreibt hierzu: „Es gibt Dinge, über die man mit niemandem reden kann, auch nicht mit seinen Freunden oder Eltern. Aber mit Gott kann man sich nachts im Bett `heimlich` aussprechen und ihm sogar versprechen, etwas nicht wieder zu tun." (Kl. 11)

Es geht um die Unterschiede zwischen Buddhismus und Christentum. Meike schreibt: „Auch dass die Buddhisten – ursprünglich - keinen Gott haben, könnte ein Christ schade finden; denn viele von uns finden es schön, sich mal mit Gott zu unterhalten, ganz im Privaten, und keiner hört zu, außer Gott, und dieser hört – so hoffen wir – gut zu." (Kl. 12)

Anpassung mit Augenzwinkern

Janik interpretiert Rilkes Gedicht *Ich fürchte mich so vor der Menschen Wort*: „Wir haben das Wunderbare dadurch vertrieben, dass wir es erklärt und ‚benamst' haben. (Jetzt bekomme ich für ‚benamst' ein A an den Rand; ich weiß ..." (Kl. 12)

Stephan schreibt: „Ich hätte so gern *nähmlich* geschrieben; aber Sie mögen das sicher nicht." (Kl. 10)

In einer Deutsch-Klausur über den *Faust* schreibt Matthias: „Der Schüler   ist ein ganz normaler Mensch. (Jetzt schreiben Sie mir bitte nicht an den Rand: Was ist das?)" (Kl. 13)

Mitten in einer Klausur kommt Martin zum Pult und fragt leise: „Können Sie mir sagen, wie das ordentliche Wort für ‚verarschen' heißt?" (Kl. 12)

33	36	40		36		4t 36			z	
1.	2.	3.		4.		5.			z	
29	34	27		21 31	26	32				
2	2+	3	3+	3=		3			③	
24		20		19 3-	20	4				
3	4	8-3-		4		4			④	
17		28		17 3-	22	6				
4+	3	3	3	4-		3			③	
33	28	29		31 2+		0				
1	3+	4	2+	2		2			②	
22	14	4		2 5	0	5				
3	4	5	4-	6		6			⑤	
33	34			22 2	37	0				
1	4+	2	2+	3		2			②	
18	24									
~~4~~	~~9+~~									
5										
11	13	22		11 4	02	4				
4-	3	4	11	5		3			④	
			4							

Unbekümmerte Analogien

Maren schreibt zu Kleists *Prinz von Homburg*: „Seine immomentige Lage hat er selbst verschuldet." (Kl. 10)

Es geht um Bölls *Verlorene Ehre der Katharina Blum*. Hierzu meint Theo: „Die Zeitung baut eine Antisympathie gegen Katharina Blum auf." (Kl.11)

Denise soll die Farbsymbolik einer Landschaftsbeschreibung analysieren und meint: „Auffallend ist die ofte Verwendung der Farbe Rot." (Kl. 11)

Unter dem Thema Tierversuche steht bei Arthur: „Hierbei wird nicht wahllos irgendein Tier genommen, sondern ein in diesem Bezug dem Menschen ähnlich Genuges." (Kl. 10)

Mehdi schreibt in einer Ethik-Klausur: „Die Menschen sind nicht gleich. Es gibt unter ihnen auch gutere." (Kl. 11)

Kreative Rechtschreibung

Im Deutschunterricht wird ein Drachen gebaut (und am Nachmittag auf dem Schulhof ausprobiert). Der Vorgang soll genau beschrieben werden. Viktor schreibt: „Ich brauche 1 □m Drachenseide." (Kl. 6)

In einem Aufsatz über das letzte Sportfest schreibt Simon: „Das Stadion lag jott we de." (Kl. 5)

Bei Lars steht: „: „Wir waren in 0 Komma nichts umgezogen." (Kl. 5)

Und Freddi schreibt: „Es half nix. Ich musste mich mit dem 2. Platz abfinden."

Freiheit für die Buchstaben

ürgendwelche
  umbedingt
    ruich
      seldsahm
        ogot,dachte ich
          dieseß
            wifihl
              nichtz
              kwer
                querschnizgelemt
                  posetiv
                    estätisch
                      idial
                        vernümpftig

mitlaweile
  er verteilt
    sie sädsten sich
      er ahs
        schprechen
          verschteinert
            ich närfte sie
              er starp
                sie ritten weck

er hat gesakt
schümpfen
exestieren
wir frühschtügten
er dängt
ponsjuniert
der nägste Tag
das Kaoß
die Bijuiteg
die Trebühne
der Follmond
der Tegst
das Kommer
das Beischbiel
der Michanismus

die Beikongtür
ein Tehologieprofessor
die Tswetschge
das flägchen Erde
der Apotheka
alle Läute
die Mutivation
meineTehse
die Formolierung
im Detzember
meine Immozion
der Instingt

unsere Erkänntnisse
viele Tetigkeiten
zwei Pappkartongs
der Mitferuhrsacher
großer Lucksus
das Finomän
eine Idülle
die Rutine
sein Kompjuter
mein eigenis Zimmer

die Genade
die Praksis
ezettera
schmaghaft
die Hecktig
die Europäher
behaubtet
wehement
die Mänsche
ratzional
Interlektualität
kretisieren

Herstellung und Verlag: BoD – Books on Demand, Norderstedt
ISBN: 9783753441689